PLVS PENSER QVE DIRE.

DECLARATION DV ROY,

Portant décry de tout cours & mise des Reaux d'Espagne de la fabrication du Perou, dont les figures sont cy-emprainctes: & defenses d'exposer ny receuoir les Louis, Escus d'or, Pistoles, & autres especes, à plus haut prix qu'il n'est porté par les Edicts & Declarations de sa Maiesté; auec interdiction de tout cours & mise des especes legeres, tant de France qu'estrangeres.

en la Cour des Monnoyes le treiziéme Decembre mil six cens cinquante.

e les Arrests de ladite Cour des 28. Nouembre dernier, & 3. Decembre 1648.

évaluation au marc desdites especes décriées.

A PARIS,
Chez Sebastien Cramoisy, Imprimeur ordinaire du Roy, de la Reyne Regente, & de la Cour des Monnoyes.

M. DC. L.

Auec Priuilege de sa Maiesté.

DECLARATION DV ROY,

Portant décry de tout cours & mise des Reaux d'Espagne de la fabrication du Perou, dont les figures sont cy-emprainctes: & defenses d'exposer ny receuoir les Louis, Escus d'or, Pistoles, & autres especes, à plus haut prix qu'il n'est porté par les Edicts & Declarations de sa Maiesté; auec interdiction de tout cours & mise des especes legeres, tant de France qu'estrangeres.

Registrée en la Cour des Monnoyes le treiziéme Decembre mil six cens cinquante.

Ensemble les Arrests de ladite Cour des 28. Nouembre dernier, & 3. Decembre 1648.

Auec l'éualuation au marc desdites especes décriées.

A PARIS,
Chez SEBASTIEN CRAMOISY, Imprimeur ordinaire du Roy, de la Reyne Regente, & de la Cour des Monnoyes.

M. DC. L.

Auec Priuilege de sa Maiesté.

LOVIS PAR LA GRACE DE DIEV ROY DE FRANCE ET DE NAVARRE: A tous ceux qui ces preſentes Lettres verront, ſalut. Les plaintes que nous auons receuës, & les aduis & remonſtrances qui nous ont eſté faites pluſieurs fois par les Officiers de noſtre Cour des Monnoyes, du dommage & perte que ſouffrent nos ſuiets par l'introduction de certains Reaux fabriquez au Perou, ſi defectueux au titre, que par les eſſais & fontes qu'ils en ont fait faire, la pluſpart d'iceux ſe trouuent alterez dans le fin ; ce qui auroit obligé noſtredite Cour des Monnoyes de décrier leſdits Reaux par Arreſt du troiſiéme Decembre 1648. qui eſt demeurée iuſques à preſent ſans execution, au moyen dequoy le mal s'eſt augmenté, & eſt paruenu au dernier excés, meſme par le décry qui en a eſté fait à Madrid au mois d'Octobre dernier : Ce qui eſt cauſe que, leſdits Reaux eſtans à preſent hors de cours & miſe en Eſpagne & en Flandres, où ils ſont pareillement décriez, les Billonneurs François & eſtrangers les apportent en France, & au lieu d'iceux tirent toutes nos bonnes & fortes monnoyes: Ce que nous auons resolu d'empescher en defendant l'exposition de telles especes, pour éuiter la ruine totale de nos suiets, qui seroit indubitable, si elle estoit plus long-temps tolerée. Comme aussi nous auons receu de grandes plaintes, de ce qu'au preiudice des defenses si souuent reïterées, les peuples reçoiuent encore les especes d'or & d'argent legeres, & les font passer dans les grands payemens, cõme si elles estoient de poids, & exposent & reçoiuent celles de poids à plus haut prix que celuy porté par nos Edicts & Declarations. A quoy estant necessaire de pouruoir: SÇAVOIR faisons, qu'aprés auoir fait mettre cette affaire en deliberation en nostre Conseil; de l'aduis de la Reyne Regente nostre tres-honorée Dame & Mere, de nostre tres-cher Oncle le Duc d'Orleans, & autres grands & notables Personnages de nostredit Conseil, & de nostre pleine puissance & authorité Royale, NOVS auons ordonné & ordonnons, voulons & nous plaist, que lesdits Reaux d'Espagne tant anciens que nouueaux fabriquez au Perou, dont les emprainctes seront figurées & attachées soubs le contreseel de nostre Chancellerie, soient décriez de tout cours & mise dans nostre Royaume, Pays, Terres & Seigneuries de noſtre obeïſſance, & ſoient portez dans les Hoſtels de nos Monnoyes, & chez les Changeurs, pour eſtre cizaillez en la preſence de ceux qui en porteront, puis fondus, affinez & conuertis en Louis d'argent à nos coins & armes, & le prix d'iceux payé ſuiuant l'éualuation qui en ser faite par noſtredite Cour des Monnoyes, ſi mieux n'aiment les particuliers qui porteront leſdits Reaux en nos Monnoyes, aprés qu'ils auront eſté fondus, & l'eſſay fait par les Eſſayeurs en leur preſence, & des Officiers deſdites Monnoyes, & ſans frais, en receuoir la valeur ſuiuant leſdits eſſays; Faiſant defenſes à toutes perſonnes de quelque qualité & condition qu'elles ſoient, d'expoſer ny receuoir aucuns deſdits Reaux du Perou, à peine de confiſcation d'iceux, de cinq cens liures d'amende pour la premiere fois, & de punition corporelle pour la ſeconde : Ordonnons que tous les autres Reaux qui ſeront de poids auront cours par prouiſion comme cy-deuant pour leurs prix ordinaires, ſuiuant nos Declarations, auec defenſes de les refuſer ſous les meſmes peines : Faiſons auſſi defenſes aux Treſoriers de noſtre Eſpargne, de nos Parties Caſuelles, de l'Extraordinaire des Guerres, & autres Treſoriers Comptables, Rece-

ueurs

ueurs generaux & particuliers de nos Finances, Fermiers, Commissionnaires, Banquiers, Marchands Artisans, & à tous autres nos Officiers & Suiets de quelque qualité & condition qu'ils soient, d'exposer ny receuoir aucunes especes d'or & d'argent, tant de France qu'estrangeres, si elles ne sont du poids porté par nos Ordonnances, ny de les receuoir & exposer à plus haut prix qu'il n'est porté par nosdits Edicts & Declarations: Faisons pareillement defenses de rechercher, achepter, billonner, exposer ny receuoir aucunes especes d'or & d'argent legeres, tant de France qu'estrangeres, soit au marc ou à la piece, ny en mesler auec des pesantes, pour les faire passer comme si elles estoient de poids, sous les peines cy-dessus declarées: Enioignons de les trébucher & peser; & de porter ou enuoyer incontinent les especes legeres és Hostels de nosdites Monnoyes, ou chez les Changeurs qui en payeront la valeur, suiuant les derniers Tarifs, pour estre conuerties en nos Monnoyes. SI donnons en mandement à nos amez & feaux Conseillers les Gens tenans nostre Cour des Monnoyes, que ces presentes ils fassent lire, publier & enregistrer, & le contenu en icelles garder & obseruer inuiolablement de poinct en poinct selon leur forme & teneur, sans permettre qu'il y soit contreuenu en aucune sorte & maniere que ce soit : CAR tel est nostre plaisir ; En témoin dequoy nous auons fait mettre nostre scel à cesdites presentes. DONNE' à Paris ce onziéme iour de Decembre, l'an de grace 1650. & de nostre Regne le huitiéme. Signé, LOVIS : Et sur le reply, Par le Roy, la Reyne Regente sa Mere presente,

DE GVENEGAVD.

Et sur le reply est encores escrit:

Leuës & registrées, ouy & ce requerant le Procureur General du Roy, pour estre executées selon leur forme & teneur, suiuant l'Arrest de ce iourd'huy. A Paris en la

Cour des Monnoyes le treiziéme Decembre mil ſix cens cinquante.

Signé, DELAISTRE.

EXTRAICT

DES REGISTRES de la Cour des Monnoyes.

VEV par la Cour les Lettres Patentes du Roy du onziéme du preſent mois & an, ſignées LOVIS : & ſur le reply, Par le Roy, la Reyne Regente ſa Mere preſente, DE GVENEGAVD, preſentées au Bureau par le Procureur General en ladite Cour : Par leſquelles ſur les plaintes que ſa Maieſté a receuës, & les aduis & remontrances qui luy ont eſté faites pluſieurs fois par les Officiers de ladite Cour, du dommage & perte que

ſouffrent ſes ſuiets par l'introduction de certains Reaux fabriquez au
Perou, ſi defectueux au titre, que par
les fontes & eſſais qu'ils en ont fait
faire il s'eſt trouué la pluſpart d'iceux
alterez de leur fin; ce qui auroit obligé ladite Cour de décrier leſdits
Reaux par Arreſt du troiſiéme Decembre 1648. qui eſt demeuré iuſques
à preſent ſans execution, au moyen
dequoy le mal s'eſt augmenté, & eſt
paruenu au dernier excés; meſme que
le décry qui en a eſté fait à Madrid au
mois d'Octobre dernier, eſt cauſe
que, leſdits Reaux eſtans à preſent
hors de cours & miſe en Eſpagne &
en Flandres, où ils ſont pareillement
décriez, les Billonneurs François &
Eſtrangers les apportent en France,
& au lieu d'iceux tirent toutes nos
bonnes & fortes monnoyes. Ce que
ſa Maieſté a reſolu d'empeſcher, en

defendant l'expoſition de telles eſpeces, pour éuiter la ruine totale de ſes ſuiets, qui ſeroit indubitable ſi elle eſtoit plus long-temps tolerée; & que ſa Maieſté a receu de grandes plaintes de ce que au preiudice des defenſes ſi ſouuent reïterées, les peuples reçoiuent encore les eſpeces d'or & d'argent legeres, & les font paſſer dans les grands payemens, comme ſi elles eſtoient de poids, & expoſent & reçoiuent celles de poids à plus haut prix que celuy porté par les Edicts & Ordonnances. A quoy eſtant neceſſaire de pouruoir; aprés auoir fait mettre cette affaire en deliberation en ſon Conſeil, de l'aduis de la Reyne Regente ſa Mere, du Duc d'Orleans ſon Oncle, & autres grands & notables Perſonnages de ſondit Cõſeil, de ſa pleine puiſſance & authorité Royale, ordonne, veut, & luy plaist, que lesdits Reaux d'Espagne tant anciens que nouueaux fabriquez au Perou, dont les empraintes sont figurées, & attachées sous le contreseel, soient décriez de tout cours & mise dans ce Royaume, Pays, Terres & Seigneuries de l'obeïssance de sa Maiesté, & soient portez dans les Monnoyes & chez les Changeurs, pour estre cizaillez en la presence de ceux qui les porteront, puis fondus, affinez, & conuertis en Louis d'argent, aux coins & armes de sa Maiesté, estre le prix d'iceux payé suiuant l'éualuatiõ qui en sera faite par ladite Cour, si mieux n'aiment les particuliers qui porteront lesdits Reaux esdites Monnoyes, aprés qu'ils auront esté fondus, & l'essay fait par les Essayeurs en leur presence & des Officiers d'icelles, & sans frais, en receuoir la valeur suiuant lesdits essais;

Faiſant defenſes à toutes perſonnes de quelque qualité & cõdition qu'elles ſoient, d'expoſer ny receuoir aucun deſdits Reaux du Perou, à peine de confiſcation, de cinq cens liures d'amende pour la premiere fois, & de punition corporelle pour la ſeconde: Ordonne que tous les autres Reaux qui ſeront de poids auront cours par prouiſion comme cy-deuant pour leur prix ordinaire, ſuiuant les Declarations de ſa Maieſté, auec defenſes de les refuſer, ſous les meſmes peines: & aux Treſoriers de ſon Eſpargne, de ſes Parties Caſuelles, de l'Extraordinaire des Guerres, & autres Treſoriers Comptables, Receueurs Generaux & Particuliers des Finances, Fermiers, Commiſſionnaires, Banquiers, Marchands, Artiſans, & à tous autres Officiers & ſuiets de quelque qualité & con-

condition qu'ils ſoient, d'expoſer ny receuoir aucunes eſpeces d'or & d'argent tant de France qu'eſtrangeres, ſi elles ne ſont du poids porté par les Ordonnances, ny de les receuoir & expoſer à plus haut prix qu'il n'eſt porté par les Edicts & Declarations. Faiſant pareillement defenſes de rechercher, achepter, billonner, expoſer, ny receuoir aucunes eſpeces d'or & d'argent legeres, tant de France qu'eſtrangeres, ſoit au marc ou à la piece, ny en meſler auec des peſantes, pour les faire paſſer comme ſi elles eſtoient de poids, ſous les peines cy-deſſus: Enioignant de les treſbucher & peſer; & de porter ou enuoyer incontinent les eſpeces legeres és Hoſtels deſdites Monnoyes ou chez les Changeurs qui en payeront la iuſte valeur, ſuiuant les derniers Tarifs, pour eſtre cõuerties en ſes Mõnoyes:

Mandant à ladite Cour faire lire, publier & enregistrer lesdites Lettres, & le contenu en icelles garder & obseruer inuiolablement de poinct en poinct selon leur forme & teneur. VEV ledit Arrest du 3. Decembre 1648. ensemble autre Arrest de ladite Cour du 28. Nouembre dernier: Conclusions du Procureur General: ouy le rapport du Conseiller à ce commis; tout consideré. LA COVR a ordonné & ordonne, ce requerant ledit Procureur General, que lesdites Lettres Patentes seront registrées és Registres d'icelle, pour estre executées selon leur forme & teneur, & lesdits Reaux décriez, payez suiuant l'éualuation faite par ledit Arrest du troisiéme Decembre 1648. inserée en fin d'iceluy, & la valeur des especes legeres au prix porté par les derniers Tarifs: Ordonne neantmoins ladite

Cour, que les especes d'argent de France auec le remede des grains auront cours ainsi qu'elles ont à present, pendant six mois, pour toutes prefixions & delais, lequel temps expiré, dés à present comme deslors seront & demeureront décriées de tout cours & mise, suiuant les Edicts & Declarations de sa Maiesté, Arrests, & Reglemens de ladite Cour: Faisant defenses à tous Orfévres, Affineurs, & autres d'achepter ou fondre desdits Reaux, & especes legeres sur les peines portées par les Ordonnances: Defendant à toutes personnes qui en auront de leur en porter & bailler, ny ailleurs qu'aux Maistres & Fermiers des Monnoyes, ou Changeurs, qui leur en payeront la iuste valeur, suiuant lesdits Arrests & Lettres Patentes, à peine de confiscation, & d'amende arbitraire: Ordonne en outre qu'à la requeste dudit Procureur General & de ses Substituts sur les lieux, il sera informé & fait le procés à ceux qui contreuiendront tant ausdites Lettres Patentes, & present Arrest, qu'ausdits Arrests des troisiéme Decembre mil six cens quarante-huit, & vingt-huitiéme Nouembre dernier, lesquels seront imprimez en suitte l'vn de l'autre en vn mesme cahier, & leus, publiez & affichez aux lieux accoustumez en cette Ville & Faux-bourgs de Paris, & par toutes les Villes & lieux de ce Royaume, où besoin sera; à cét effect copies imprimées, & collationnées par le Greffier de ladite Cour, enuoyées à la diligence dudit Procureur General à ses Substituts, qui certifieront ladite Cour de leurs diligences au mois. FAIT en la Cour des Monnoyes, les Semestres assemblez, le treiziéme Decembre mil ſix cens cinquante. Signé, DELAISTRE.

EXTRAICT DES REGISTRES de la Cour des Monnoyes.

SVR ce que le Procureur General du Roy a remontré à la Cour, que pour de grandes raiſons & importantes au ſeruice de ſa Maieſté, & bien du public, elle auroit rendu Arreſt le troiſiéme Decembre 1648. portant décry des Reaux d'Eſpagne, tant anciens que nouueaux, fabriquez dans les Monnoyes du Perou, à cauſe de la defectuoſité trouuée en leur titre : La publication duquel pour aucunes conſiderations ayant eſté differée, a donné la licence aux Marchands Eſtrangers

& François d'en trafiquer, & d'en apporter grande quantité dans le Royaume, dont plusieurs saisies ont esté faites de l'Ordonnance de ladite Cour, & par elle iugées. Lesquels Reaux mesme depuis les Arrests ainsi rẽdus ont esté décriez pour ladite defectuosité & alteration, en plusieurs pays estrangers; ce qui a apporté tant de desordre au commerce, que le Roy d'Espagne, par l'Edict que ledit Procureur General a representé, donné à Madrid le premier Octobre dernier, publié le mesme iour, auroit faict décrier lesdits Reaux de tout cours & mise, & ordonné qu'ils seroient portées dans ses Monnoyes, pour estre fondus & conuertis en autres especes, aprés auoir reconnu qu'il y auoit vne grande partie desdits Reaux alterez de leur iuste titre de plus de moitié, & estably de grandes peines contre les contreuenans, deux mois aprés la publication dudit Edit ; Et pour couurir le blasme qui pourroit estre imputé aux Officiers de ses Monnoyes & à ses Suiets, à cause dudit affoiblissemēt de monnoye, comme fait contre la foy publique; aprés auoir par ledit Edict reconnu que ladite defectuosité procede des maluersations commises en la fabrication desdites especes & monnoyes du Perou ; il est neātmoins exposé en iceluy cōtre verité, qu'vne partie desdits Reaux alterez qui se trouuēt dans l'Espagne, y auoient esté portez de France, & autres lieux où il suppose auoir esté lesdites especes fabriquées sous les coins du Perou. D'ailleurs, ledit Procureur General a eu diuers aduis des frontieres de ce Royaume, que non seulement les Marchāds François se disposent d'en aller charger en Espagne, mais aussi que les Espagnols commencent d'en enuoyer en ce Royaume, parce que c'eſt le ſeul Eſtat de l'Europe, dans lequel ledit décry n'a pas encore eſté publié. Et dautant qu'il eſt des ſoins de la Cour de preuenir par ſa Iuſtice ordinaire, les pertes & dommages dont les Suiets & Eſtats de ſa Maieſté ſont menaſſez par la tolerance de tels abus, & d'empeſcher que les contrauentions qui ſe font aux Edicts de ſa Maieſté, Arreſts & Reglemens de la Cour, ne continuent par l'expoſition des eſpeces legeres tant de France qu'eſtrangeres, meſme le ſurhauſſement d'icelles cauſé par l'apport en ce Royaume, & cours deſdits Reaux, par le moyen deſquels ils ſuracheptent les bonnes & fortes eſpeces marquées aux coins & armes de ſa Maieſté: Requeroit y eſtre promptement pourueu par ladite Cour. Veu ledit Arreſt de décry du troiſiéme Decembre 1648. enſemble ledit Edict d'Eſpagne

du

du premier Octobre dernier. La matiere mise en deliberation; tout consideré. LA COVR faisant droict sur le requisitoire dudit Procureur General, a ordonné & ordonne, que l'Arrest d'icelle du 3. Decembre 1648. sera executé selon sa forme & teneur; ce faisant, que les Reaux d'Espagne tant anciens que nouueaux fabriquez au Perou décriez par ledit Arrest, dont les empraintes sont figurées en fin d'iceluy qui sera imprimé en suite du present, demeureront décriez de tout cours & mise dans ce Royaume: lesquels seront portez par ceux qui en auront és Hostels des Monnoyes & chez les Changeurs, pour estre cizaillez en leur presence, fondus, affinez & conuertis en especes de monnoyes aux coins & armes de sa Maiesté, & le prix d'iceux payé suiuant l'éualuation faite & inserée en fin dudit Arrest du troisiéme Decembre; ſi mieux n'aiment les particuliers qui porteront leſdits Reaux aux Monnoyes, aprés qu'ils auront eſté ainſi fondus, & l'eſſay fait par les Eſſayeurs des Monnoyes en preſence des Officiers d'icelle, & ſans frais, en receuoir la iuſte valeur. Faiſant derechef defenſes à toutes perſonnes de quelque qualité & cõdition qu'elles ſoient, d'expoſer ny receuoir aucuns deſdits Reaux du Perou à peine de confiſcation, de cinq c[illegible]s liures d'amende pour la premiere fois, & de punition corporelle pour la ſeconde: Ordonne que les autres Reaux d'Eſpagne auront cours comme cydeuant pour leur prix & poids ordinaire, ſuiuant la Declaration de ſa Maieſté, Arreſts & Reglemens de ladite Cour, iuſques à ce que autrement en ait eſté ordonné; faiſant defenſes de les refuſer, ſous les meſmes peines: Et outre ladite Cour a fait & fait expresses inhibitions & defenses à tous sujets de sa Maiesté, Tresoriers, Receueurs generaux & particuliers, Fermiers, Officiers Comptables, Commissiõnaires, Marchands, Banquiers, Courtiers de Change, & tous autres, d'exposer ny receuoir aucunes especes d'or & d'argent, tant de France qu'estrangeres, si elles ne sont de leur poids tresbuchant, ainsi qu'il est porté par les Edicts & Declarations de sa Maiesté, & à plus haut prix que celuy porté par lesdits Edicts & Declarations, Arrests & Reglemens de ladite Cour. Fait aussi defenses de rechercher, achepter & billonner, exposer ny receuoir aucunes especes d'or & d'argent legeres, soit au marc ou à la piece, tant de France qu'estrangeres, ny les mesler parmy les pesantes aux payemens qui se feront par sacs, ou autrement, pour les faire passer comme si elles estoient de poids, le tout ſous les peines cy-deſſus; Enioint ſous les meſmes peines de les peſer & trébucher, & de porter où enuoyer les eſpeces legeres incontinent aux Maiſtres & Fermiers des Mõnoyes, ou aux Changeurs, pour en payer à l'inſtant la iuſte valeur, ſuiuant les derniers Tarifs, leſquels Changeurs ſeront tenus les cizailler ainſi que leſd. Reaux, pour eſtre leſdites eſpeces fonduës & conuerties en monnoye. A ordonné & ordonne, qu'à la requeſte dudit Procureur General, & de ſes Subſtituts ſur les lieux, il ſera informé & fait le procés à ceux qui contreuiendront tant au preſent Arreſt qu'à celuy du 3. Decembre ſuſdit; ſçauoir en cette Ville de Paris par les Conſeillers de ladite Cour pour ce commis; & dans les Prouinces, par le premier des Preſidens ou Cõſeillers d'icelle trouuez ſur les lieux, & en leur abſence, par les Generaux Prouinciaux, Iuges

& Gardes des Monnoyes, & par le Preuost general & Officiers d'icelles; & en leurs absences, par les Preuosts, Baillifs, Seneschaux, & autres Iuges Royaux, chacun en leur égard, pour estre les coulpables punis suiuant la rigueur des Ordonnances. Et à ce qu'aucun n'en puisse pretendre cause d'ignorãce, sera ledit Arrest du 3. Decembre, & le present, leus, publiez & affichez aux lieux accoustumez en cettedite Ville de Paris & Fauxbourgs, & par toutes les Villes & lieux où besoin sera, auec affiches mises & renouuellées de trois mois en trois mois; à cét effect copies imprimées & collationnées par le Greffier de ladite Cour, enuoyées à la diligence dudit Procureur general à ses Substituts, pour tenir la main à l'execution d'iceux, & certifier ladite Cour de leurs diligences au mois. FAIT en la Cour des Monnoyes le vingt-huictiéme

Nouembre mil six cens cinquante.
Signé, DELAISTRE.

EXTRAICT
DES REGISTRES de la Cour des Monnoyes.

VR ce que le Procureur General du Roy a remontré à la Cour, que par l'ordre estably en icelle de faire tous les ans perquisition & essay des monnoyes estrangeres qui entrent dans le Royaume, pour connoistre si elles ne sont point alterées au preiudice de la foy publique, il a esté bien reconnu & iustifié par les procez verbaux de perquisition & d'essais qui ont esté faits depuis quatre ou cinq ans des Reaux d'Espagne fabriquez au Perou, qu'ils ſe trouuent beaucoup alterez de leur veritable & ancien titre : Ce qui a donné lieu à la Cour d'en faire faire de plus exactes perquiſitions & eſſais, tant dans Paris par les Conſeillers à ce commis, que dans les Prouinces par les Officiers des Monnoyes : Et par les procez verbaux qui en ont eſté faits, enſemble par les aduis des Commiſſaires de la Cour qui ont fait leurs cheuauchées dans leſdites Prouinces, le meſme defaut de titre a eſté bien verifié. Et la Cour voulant reconnoiſtre ſi leſdits Reaux auoient eſté fabriquez dans les Monnoyes dépendantes d'Eſpagne, & non contrefaits, elle a fait toutes les diligences poſſibles pour en auoir l'éclairciſſement entier ; enfin elle a eſté bien aſſeurée, tant par les reconnoiſſances de pluſieurs Experts qui ont veu & viſité leſdits Reaux, que par l'Edict meſme du Roy d'Eſpagne donné à Bruxelles le deuxiéme Octobre 1647. que ledit Procureur General a representé, que lesdits Reaux auoient esté fabriquez dans les Monnoyes de la domination d'Espagne, dont sa Maiesté a esté informée par les remonstrances qui luy en ont esté faites par les Deputez de ladite Cour : aprés toutes lesquelles formalitez elle pouuoit proceder au décry desdits Reaux ; neantmoins pour aucunes bonnes considerations elle a sursis audit décry. Depuis lequel temps les estrangers en ont enuoyé plus frequemment & en plus grande quantité, & les ont alterez plus qu'auparauant, si bien qu'en l'année presente ils ont enuoyé en Guyenne, Bretagne, Normandie, Prouence & Languedoc, plusieurs nauires chargez desdits Reaux, qui ont esté distribuez en autres Prouinces, & se trouuent plus defectueux que les autres, lesquels Reaux sont empi-

empirez du quart, du tiers, & mesme aucuns de la moitié du veritable titre de ceux qui se fabriquoient il y a six ans, desquels ils ont payé des bleds, vins, toiles, cordages, & autres marchandises qu'ils ont enleuées par ce moyen, pour beaucoup moins que leur valeur; ensemble les bonnes especes du Royaume, pour les conuertir esdits Reaux alterez, au grand dommage des suiets du Roy. Aucuns desquels nauires ayant esté saisis, la Cour a enuoyé des Commissaires sur les lieux, pour informer & instruire les procez contre les trafiquans desdits Reaux, leurs facteurs & adherans, & en suite estre punis par elle ainsi qu'il appartiendra: tellement que le mal estant paruenu au dernier excés, il est d'autant plus necessaire d'y apporter remede, que les plaintes en sont vniuerselles, & que si la facilité de les receuoir continuë, les estrangers en rempliront le Royaume, ils en tireront les bonnes & fortes monnoyes auec toutes les marchandises à vil prix, & s'enrichiront au preiudice de l'Estat; veu mesme que le Roy d'Espagne a décrié dans ses Estats tous les Reaux tant bons que mauuais, desquels il a reconnu grand nombre estre falsifiez & alterez: & à cause de l'inégalité de leur titre & de leur poids ne les ayant pû eualuer à iuste prix, il a ordonné que tous seroient portez & fondus dās ses Monnoyes. C'est pourquoy ledit Procureur General requiert pour sa Maiesté y estre pourueu auec telle consideration, que les particuliers en reçoiuent le moins de perte & d'incommodité qu'il se pourra en defendant le cours des mauuais & alterez seulement, & en les distinguant d'auec les bons qui auront cours comme deuant, reglant aussi le prix que les Changeurs & Maiſtres des Monnoyes donneront du marc & de ſes diminutions, & preſcriuant les ordres en tels cas requis & accouſtumez: meſme eſtre ordõné que les deffenſes concernans le ſurhauſſement des eſpeces d'or & d'argent ſeront renouuellées. VEV les procés verbaux de perquiſition & d'eſſays, rapports d'Experts, & reconnoiſſances deſdits Reaux du Perou, faits à Paris de l'ordre de ladite Cour, des 18. 20. 21. 22. & 27. Iuin, 8. Iuillet, 1. Aouſt, & 17. Decembre 1644. Arreſt de la Cour du 14. Ianuier 1645. Remonstrances faites à ſa Maieſté par les deputez de ladite Cour le 16. dudit mois en execution dudit Arreſt: Autres procez verbaux faits à Paris de l'ordonnance de la Cour des 2. 4. 7. 11. 12. & 18 Ianuier 1647. Procés verbaux des Officiers des Monnoyes de Roüen, ſainct Lo, Aix, Bayonne,

Rennes, Nantes, & autres, des 1. Iuillet 1643. 12. Nouembre & 10. Decembre 1644. 19. Iuillet 1646. 18. Auril, 7. 8. 12. & 13. Iuin, 3. 9. 24. 27. & 30. Iuillet 1647. & 28. Iuillet 1648. Autres procés verbaux faits par l'vn des Commissaires de ladite Cour, faisant sa cheuauchée à Roüen, à sainct Lo, des 16. & 23. Nouembre derniers: ensemble l'Edict ou Placart du Roy d'Espagne, signé, par le Roy en son Conseil, VERREYKEN, donné à Bruxelles le 2. Octobre 1647. Ouy le rapport des Commissaires à ce deputez: La matiere mise en deliberation; tout consideré. LA COVR faisant droict sur le requisitoire dudit Procureur General, pour la defectuosité trouuée au titre des Reaux d'Espagne, tant anciens que nouueaux, fabriquez au Perou, dont les empraintes sont cy-dessous figurées, & qui sont differens des autres Reaux fabriquez ſous les autres coins d'Eſpagne, en ce que quelques-vns deſdits Reaux du Perou ont à coſté de l'eſcuſſon vn P ſeul, & quelques autres ont vn P B, PR, PT, PQ ou quelque autre lettre au deſſous dudit P, & des deux coſtez tant de la croix que dudit eſcuſſon, des grains ronds en forme de chapelet entre la legende & ledit eſcuſſon, & entre la legende & les cercles qui enferment ladite croix, a décrié & décrie de tout cours & miſe leſdits Reaux du Perou : ordonne qu'ils seront portez és Hoſtels des Monnoyes & chez les Changeurs, pour eſtre fondus, affinez & conuertis en eſpeces aux coins & armes de ſa Maieſté, & le prix d'icelles rendu ſuiuant l'éualuation faite par la Cour, inſerée en fin du preſent Arreſt ; ſi mieux n'aiment les particuliers qui porteront leſdits Reaux eſdites Monnoyes, les faire fondre en leur preſence, & aprés l'eſſay d'iceux par les Eſſayeurs en preſence des Officiers d'icelles, & ſans frais, en receuoir la iuſte valeur: n'entendant laditeCour comprendre audit décry les Reaux de Mexique marquez d'vne croix finie en fleuron ou bourdon, quoy qu'elles portent vne forme de grenetis entre la legende & les cercles qui enferment auſſi ladite croix. Fait ladite Cour defenſes à toutes perſonnes de quelque qualité & condition qu'elles ſoient, d'expoſer ny receuoir aucuns deſdits Reaux du Perou, à peine de confiſcation d'iceux, de cinq cens liures d'amende pour la premiere fois, & de punition corporelle pour la ſeconde: Ordonne que les autresReaux d'Eſpagne auront cours comme cy deuant pour leur prix ordinaire ſuiuant les Declarations de ſa Maieſté, Arreſts & Reglemens de ladite Cour, iuſques à ce qu'autrement en ait esté ordonné : faisant defenses de les refuser sous les mesmes peines. A aussi fait & fait defenses d'exposer ny receuoir les Louis, Escus d'or, Pistolles, & autres especes tant de France qu'estrangeres, à plus haut prix que celuy porté par les dernieres Declarations & Arrests, sous les peines y contenuës : Enioint aux Generaux Prouinciaux, Iuges, Gardes, & autres Officiers des Monnoyes, chacun à leur égard, aux Preuosts, Baillifs, Seneschaux, & autres Iuges Royaux de ce Royaume, de tenir la main à l'execution du present Arrest : Ordonne qu'à la requeste dudit Procureur General, & de ses Substituts dans les Prouinces, il sera incessamment informé desdites contrauentions, & que les procez seront faits & parfaits à ceux qui ont introduit & fauorisé l'apport desdits Reaux, les ont exposez, en ont trafiqué & negocié, & qui ont exposé, & receu lesdites especes d'or & d'argent à plus haut prix qu'il n'est porté par lesdites Declarations & Arrests, pour estre les coulpables punis suiuant la rigueur des Ordonnances. Et à ce qu'aucun n'en pretende cause d'ignorance, que le present Arrest sera leu, publié & affiché és lieux publics de cette Ville, & en tous les lieux de l'obeïssance de sa Maiesté, à la diligence dudit Procureur General & de sesdits Substituts, qui certifieront la Cour de leurs diligences au mois. FAIT en la Cour des Monnoyes, les Semestres assemblez, le troisiéme iour de Decembre mil six cens quarante-huit.

Signé, DELAISTRE.

ENSVIVENT LES FIgures des Reaux décriez par la presente Declaration ; Ensemble l'évaluation desdites especes au marc, & le prix qui en sera donné par les Maistres des Monnoyes, & Changeurs de ce Royaume.

REX · INDIARVM

PHILIPPVS · D·G· HISPANIARVM
P
VIII

REX · INDIARVM

PHILIPPVS · D·G· HISPANIARVM
P
VIII

EVALVATION AV MARC

des Reaux d'Espagne de la fabrication du Perou, décriez & designez par l'Arrest cy-dessus, & dont les figures sont icy emprainctes: auec le prix qui en sera donné par les Maistres des Monnoyes & Changeurs de ce Royaume; tous déchets de fonte, frais d'affinage, & droicts de change déduits & rabatus.

SVIVANT la reduction qui en a esté faite en ladite Cour, aprés auoir procedé incessamment aux instructions & calculs faits depuis ledit Arrest iusques au 19. du present mois de Decembre, pour paruenir à la connoissance exacte du pied commun qu'on pouuoit tirer de la diuersité du titre desdites especes defectueuses, sur les rapports des essais cy-deuant faits par l'ordre de ladite Cour, des fontes desdits Reaux, de toutes les differentes fabrications dudit Perou, & autres nouueaux essais d'iceux.

SÇAVOIR,

Pour le Marc, vingt-deux liures treize sols deux deniers.

Pour l'Once, deux liures seize sols sept deniers.

Pour le Gros, sept sols vn denier.

Pour le Denier, deux sols quatre deniers.

Pour le Grain, vn denier.

L'an mil six cens cinquante, le Vendredy seiziéme iour de Decembre, la Declaration du Roy, & les Arrests cy-dessus ont esté leus & publiez à son de Trompe & cry public, aux Carrefours & autres lieux, tant ordinaires qu'extraordinaires de cette Ville & Faux-bourgs de Paris, en la presence de nous Iean Gerin premier Huissier en ladite Cour des

Monnoyes, Iacques Blondel, & Michel Rebours Huißiers en icelle, soussignez, par Iean Iossier Iuré Crieur en ladite Ville Preuosté & Vicomté de Paris, accompagné de trois Trompettes, Iean du Bos, Iacques le Frain Iurez Trompettes du Roy esdits lieux, & d'vn autre Trompette Commis: Comme aussi ont esté ladite Declaration & lesdits Arrests affichez par nous en tous les lieux accoustumez de ladite Ville & Faux-bourgs de Paris, à ce qu'aucun n'en pretende cause d'ignorance.

Signé, GERIN, BLONDEL, *&* REBOVRS.

Collationné aux originaux par moy Conseiller, Secretaire du Roy, Maison & Couronne de France, & de ses Finances, Greffier en chef de la Cour des Monnoyes, sous-signé.

EXTRAICT DES REGIstres de Parlement.

CE iour, ſur ce que le Procureur general du Roy a remonſtré à la Cour, Qu'au preiudice des Arreſts d'icelle des dix Iuillet & premier de ce mois, par leſquels a eſté ordonné qu'il ſeroit ſurcis à l'execution d'vn Iugement donné en la Cour des Monnoyes, concernant l'expoſition des pieces de cinquante-huict ſols, appellez Reaux; Et ordonné que deux Aſſemblées ſeroient faites ſur ce ſujet, l'vne des ſix Corps des Marchands;

& l'autre des Iuges Consuls: ledit Iugement de ladite Cour des Monnoyes, datté du troisiesme dudit mois de Iuillet, a esté affiché auec publication dattée du neufiesme de ce mois, desaduoüée par le Iuré Crieur du Roy par acte dudit iour. Ce qui est vne entreprise à laquelle requeroit estre pourueu: Luy retiré, la matiere mise en deliberation, A ARRESTÉ & ordonné, que lesdits Arrests des dixiesme Iuillet & premier de ce mois, seront executez, & incessamment procedé au fait desdites Assemblées. Cependant fait defenses d'executer ledit Iugement du troisiesme Iuillet, iusques à ce que autrement par la Cour en ait esté ordonné. Et sera le present Arrest leu, publié & affiché par tous les carrefours de cette Ville & Fauxbourgs de Paris, à ce que nul n'en pretende cauſe d'i-gnorance. FAIT en Parlement, le vnzieſme iour du mois d'Aouſt, mil ſix cens cinquante-vn.

Signé, GVYET.

Leu & publié à ſon de trompe & cry public, en tous les carrefours ordinaires & extrordinaires de cette Ville & Fauxbourgs de Paris, par moy Charles Canto, Iuré Crieur ordinaire du Roy en ladite Ville, Preuoſté & Vicomté de Paris, accompagné de Iean du Bos, Iacques le Frain, Iurez Trompettes de ſa Majeſté eſdits lieux, & d'vn autre Trompette commis, le Vendredy vnzieſme iour d'Aouſt mil ſix cens cinquante-vn, & ledit iour affiché eſdits lieux.

Signé, CANTO.

www.ingramcontent.com/pod-product-compliance
Lightning Source LLC
LaVergne TN
LVHW010003230826
846092LV00002B/631

9782329674322